SCHOMBURG

El hombre que creó una biblioteca

Carole Boston Weatherford

Ilustraciones de **Eric Velasquez**

Traducción de **Teresa Mlawer**

CANDLEWICK PRESS

Be curious. Be determined. Be proud.

Curiosity is the seed of discovery. Discovery is the root of progress.

C. B. W.

Para Arturo Alfonso Schomburg. Gracias, maestro.

E. V.

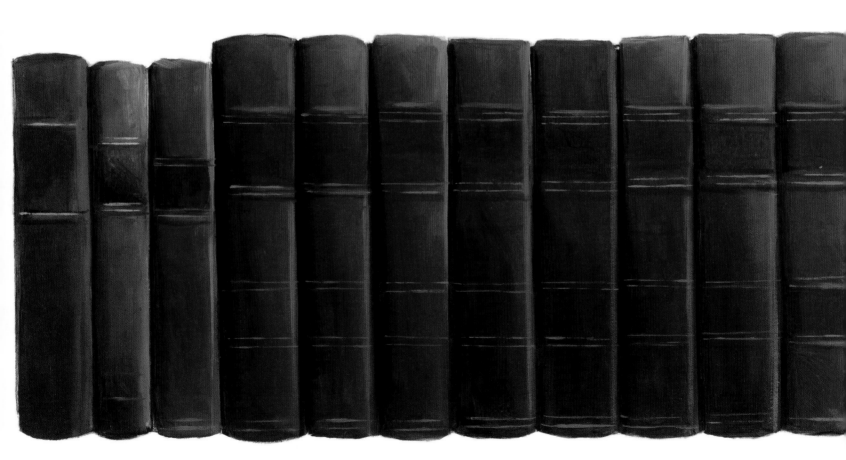

Thank you to the Schomburg Center for its help and continued support, and thanks to Sheena Bouchét Simmons from Harlem, USA, for the inspiration to do a book on Schomburg. —E. V.

*El negro americano debe reconstruir su pasado
para edificar su futuro. . . La historia
debe restituir lo que se perdió con la esclavitud.*
—Arturo Schomburg

PRÓLOGO: BIBLIÓFILO

Arturo Schomburg fue más que un amante de los libros,
más que un empleado en el departamento de mensajería de Bankers Trust,
donde supervisaba el trabajo de once hombres blancos,
algo inaudito en esa época.
Desde muy temprano, comprendió que la historia no se podía
definir en su totalidad a menos que abarcara todos los ángulos.
Como buen detective, buscó pistas y encontró hechos
que afirmaban las aportaciones de los descendientes africanos
al desarrollo de naciones y culturas.
Arthur Spingarn, colega bibliófilo,
señaló que Arturo «se enfrentaba
a un montón de material que aparentemente no tenía ningún valor,
e infaliblemente encontraba… uno o dos tesoros
que para cualquier otro coleccionista menos dedicado
hubiesen pasado desapercibidos».
Arturo estaba convencido de que estos hechos, una vez desenterrados,
hablarían alto y claro en las aulas de aprendizaje
retando a cualquier maestro a decirle a un niño negro
que «los negros no tenían historia».
Una y otra vez, a través de publicaciones, música y arte,
Schomburg demostró lo contrario.
Como parte de su misión en la vida, no solo coleccionaba documentos de valor,
sino que corregía la historia para futuras generaciones.
Quería que los niños y niñas en todas las aulas conocieran los hechos
para que supieran que la herencia cultural negra no tenía fronteras.
Hoy, la biblioteca de Harlem que lleva el nombre de Schomburg
cuenta con más de diez millones de artículos,
un faro para los estudiosos y especialistas de todo el mundo
que revela pasadas glorias que Arturo siempre supo que existían.

◆

QUINTO GRADO

Arturo Schomburg nació con un gran sentido de la curiosidad.

De niño, en Puerto Rico, le gustaba observar a los tabaqueros trabajar.

Estos hombres recaudaban dinero entre ellos para pagar a un «lector»

que leyera en voz alta, mientras ellos trabajaban,

periódicos, novelas, discursos y panfletos políticos.

Arturo aspiraba el aroma de tabaco curtido

y el sonido de la voz del lector.

Arturo no solo aprendió a leer,

sino que también desarrolló un gran amor por la palabra escrita.

En una ocasión, cuando su maestra de quinto grado

le dijo que los hijos e hijas de África

no tenían historia, ni héroes ni logros,

¿se opacó el brillo de sus ojos?

¿Inclinó los hombros y agachó la cabeza?

¿Bajó la vista en vez de mirar hacia el frente?

No, Arturo no se dejó intimidar.

Su gente tenía que haber contribuido algo al mundo a través de los siglos,

pero esta era una historia que los maestros no enseñaban.

Y hasta que esto ocurriera, estudiantes como Arturo

nunca llegarían a conocer su herencia cultural e histórica,

sujetos al yugo de la ignorancia.

El hecho de que su maestra descartara la historia de sus antepasados ¿logró

que se extinguiera el brillo de sus ojos

como una vela que se apaga en la oscuridad?

No, el brillo no desapareció. Por el contrario, prendió en una chispa.

◆

GENIO

«¿Dónde está el historiador que cuente nuestra historia —preguntó Arturo—, que nos hable de nuestro pasado?».

Afropuertorriqueño/afroborinqueño, nacido en 1874,
el joven Arturo Schomburg emprendió una misión que duró toda su vida.
Siendo aún niño, adquirió la investidura de historiador.
Tenía que saber, pero tenía que saber la verdad.
En una ocasión, en una reunión de un club de historia,
comprobó que los jóvenes blancos se sentían más orgullosos de su pasado
que los jóvenes negros.
Arturo comenzó a leer todo lo que estaba a su alcance sobre su gente.
Lo hizo sin prisa, dejando que los hechos bulleran a fuego lento.
«La verdadera erudición requiere tiempo y esfuerzo —dijo—.
Nada importante se logra precipitadamente».
Después de todo, había siglos por recorrer.
Perdido durante horas entre libros,
fue transportado a la época colonial por el almanaque de Benjamin Banneker.

Arturo estudió todo lo que pudo
sobre este inventor autodidacta, astrónomo y
delineante.
Sintió un inmenso orgullo cuando leyó que Banneker
había predicho con exactitud un eclipse solar.
Casi podía escuchar el tictac del reloj de madera
que Banneker construyó,
el primero en construirse en el Nuevo Mundo.
Arturo se lo imaginaba contando los minutos,
en una carrera contra el tiempo, para redelinear,
de memoria, los planos de las calles de Washington D. C.,
una vez que el arquitecto francés Pierre L' Enfant
abandonara la obra
y se llevara todos los papeles a Europa.
Banneker los reprodujo en apenas dos días.
La capital de la nación. En apenas dos días.
De memoria. Tic-tac, tic-tac.

¿Dónde levantaban los monumentos a este genio?

◆

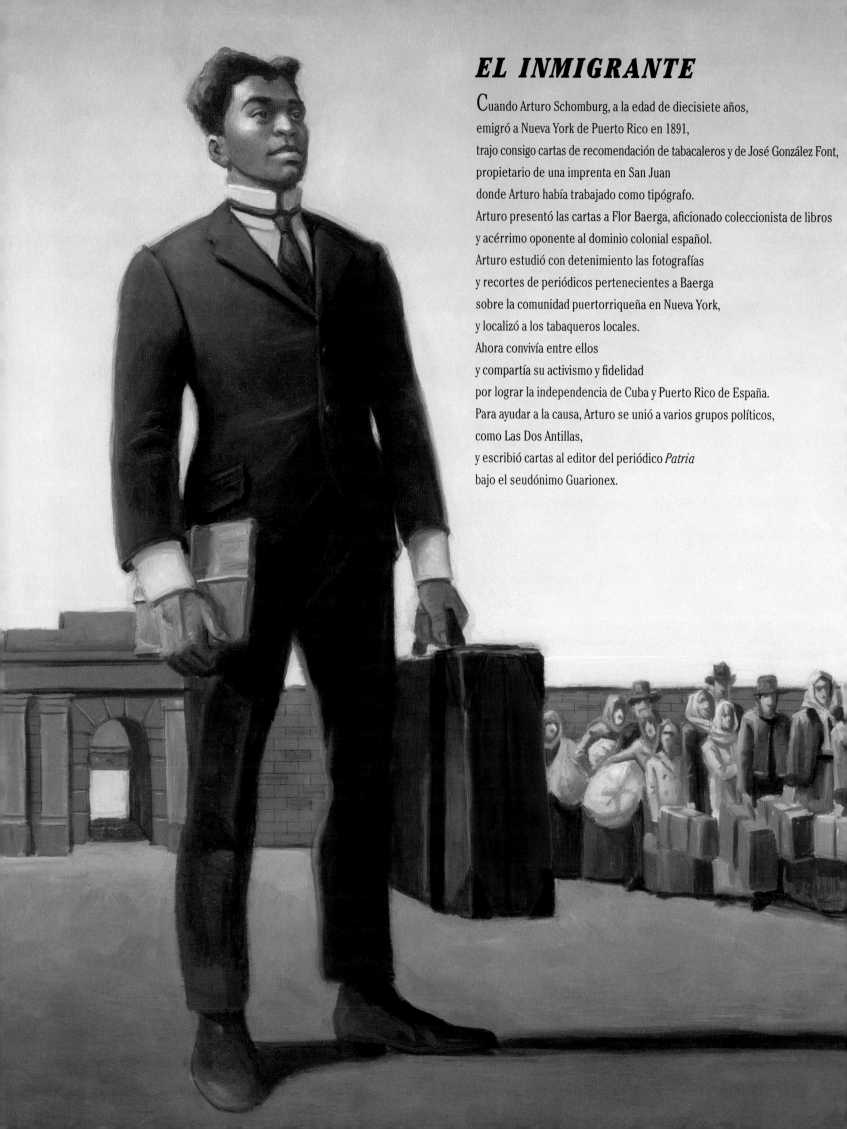

EL INMIGRANTE

Cuando Arturo Schomburg, a la edad de diecisiete años,
emigró a Nueva York de Puerto Rico en 1891,
trajo consigo cartas de recomendación de tabacaleros y de José González Font,
propietario de una imprenta en San Juan
donde Arturo había trabajado como tipógrafo.
Arturo presentó las cartas a Flor Baerga, aficionado coleccionista de libros
y acérrimo oponente al dominio colonial español.
Arturo estudió con detenimiento las fotografías
y recortes de periódicos pertenecientes a Baerga
sobre la comunidad puertorriqueña en Nueva York,
y localizó a los tabaqueros locales.
Ahora convivía entre ellos
y compartía su activismo y fidelidad
por lograr la independencia de Cuba y Puerto Rico de España.
Para ayudar a la causa, Arturo se unió a varios grupos políticos,
como Las Dos Antillas,
y escribió cartas al editor del periódico *Patria*
bajo el seudónimo Guarionex.

Recién llegado, y con afán de mejorar,
dio clases de español,
a la vez que tomaba clases de inglés
en una escuela nocturna.
Predispuesto a la medicina y a las leyes,
no pudo estudiar ninguna de estas carreras
porque, según cuenta la historia, su expediente
escolar se había quemado en un incendio.
Ni siquiera una carta de uno de sus profesores
sirvió como prueba de su educación básica.
La única constancia que tenía era su paso por el jardín de infancia.
Arturo tuvo que renunciar a sus sueños de una carrera profesional
para trabajar como mensajero y luego como empleado de oficina
en el bufete de abogados que luchaba por defender
el derecho de Johnson & Johnson
a usar el logo de la Cruz Roja en sus productos.
Para ese caso legal, Arturo catalogó y memorizó
miles de páginas de testimonio,
prueba de su asombrosa habilidad para recordar detalles.

◆

«EL GUSANILLO» DEL COLECCIONISTA

«Yo quería conocer —dijo Arturo Schomburg—
la aportación de mi grupo étnico».
El afán de Schomburg por buscar y adquirir libros era inagotable.
Su curiosidad por los estudios africanos, insaciable.
Padecía de lo que él describía como «el síndrome del coleccionista de libros».
Ningún volumen por si solo contaba la historia completa;
ninguna biblioteca se especializaba en el tema.

Rastreaba librerías anticuarias y especializadas,
examinando detalladamente frágiles panfletos
con cubiertas destrozadas y libros encuadernados
en piel con hojas llenas de polilla.
La mayoría de lo que
adquirió en un principio fue una verdadera ganga
porque los coleccionistas blancos no apreciaban
su valor. Lo que buscaba no era fácil de conseguir,

pero Arturo sabía qué pistas y señales seguir.

Y de vez en cuando encontraba un tesoro.

En Phillis Wheatley, la primera afroamericana

y la tercera norteamericana

en publicar un libro de poemas,

Arturo descubrió no solo una gran devoción a Dios y amor por su país,

sino también una vida tan extraordinaria como su prosa.

Capturada en África occidental a la edad de siete años,

y llamada Phillis por el nombre del barco donde viajaba como carga,

fue vendida a John Wheatley,

pero como era enfermiza nunca pudo servir a su esposa.

Pobre de salud, aunque dotada de una singular inteligencia,

llegó a dominar el inglés y pudo leer la Biblia.

Estudió religión y leyó a los clásicos,

además de hablar diferentes lenguas con fluidez.

Pero, sobre todo, Phillis era una poeta extraordinaria.

Si al menos Arturo hubiese podido ser una gaviota

para sobrevolar las olas y dejar oír su canto

mientras Phillis cruzaba el Atlántico

por segunda vez en 1773, con destino a Londres,

para promocionar su libro *Poems on Various Subjects, Religious and Moral*

(Poemas sobre varios temas, religiosos y morales).

Si al menos Arturo ese mismo año hubiese podido ser testigo

del trazo de la pluma que dio a Phillis su libertad.

Si al menos Arturo hubiese podido mirar por encima del hombro

de Phillis y ver cómo ella escribía un poema para rendir homenaje

a George Washington durante la Revolución americana.

Aunque sometió el manuscrito de un segundo libro a varias editoriales,

este nunca se encontró.

«Si al menos —pensaba Arturo— yo pudiera encontrarlo».

◆

1773

FREDERICK DOUGLASS

Mientras Arturo navegaba por las páginas de la narrativa de Frederick Douglass,

sentía como si una brisa lo transportara a la plantación,

a orillas del río, donde los barcos de vela definieron por primera vez

la idea de libertad al joven Frederick.

Al igual que Arturo, Frederick amaba la palabra escrita.

Incluso quebrantó la ley que prohibía a los esclavos aprender a leer.

Frederick logró escapar de la esclavitud, y Arturo estudió

su trayectoria desde Maryland hasta llegar a Massachusetts.

Los discursos de Douglass en contra de la esclavitud,

un poderoso llamado a actuar,

lograron despertar en Arturo el poder de la pluma.

Douglass se dedicó de lleno a abogar por la causa abolicionista,

recibiendo gran apoyo y acalorados aplausos.

Arturo leyó a fondo las páginas del periódico abolicionista de Douglass,

The North Star.

El lema del periódico:

«El derecho no tiene sexo,

la verdad no tiene color,

Dios es el Padre de todos nosotros

y nosotros somos todos hermanos»,

era un fiel resumen de la verdad.

Diez mil volúmenes no podrían definir mejor una democracia.

Siendo muy joven, Arturo trabajó de ayudante en una imprenta,

y se podía imaginar a Douglass colocando tipos de metal

y haciendo funcionar la prensa.

Hombre alto, de mirada profunda y larga y tupida melena,

Douglass fue nombrado ministro en residencia en Haití.

Años más tarde, compró Cedar Hill, una finca en la vecindad de Anacostia,

en Washington, donde era considerado un hombre sabio.

El nombre de Frederick, pensaba Arturo,

debería vivir en todos los archivos históricos.

Las palabras que Douglass escribió mantendrían vivo su recuerdo.

◆

REVOLUCIONARIOS

Durante el proceso de búsqueda, Schomburg adquirió no solo libros, sino
arte, cartas, grabados y singulares camafeos africanos.

Luchaba por combatir la ignorancia y por erradicar las mentiras del pasado.

Para lograr su meta, necesitaba todo un arsenal.

Del pasado, Arturo reclutó un ejército modelo:

su héroe de la infancia, Toussaint Louverture, fue líder de la revolución

que dio libertad a los esclavos en Haití.

Arturo compró órdenes militares firmadas por Louverture.

Esclavo liberto, con propiedades y dinero, arriesgó todo

y se unió a una sublevación de esclavos.

Apenas una generación posterior a la independencia de Estados Unidos,

Louverture lideró una revolución que duró doce años

y costó miles de vidas.

Sus tropas se enfrentaron, primero, a los franceses,

luego, a los británicos y, finalmente, a los españoles

hasta lograr la victoria y ver nacer una república negra: Haití.

Para las colonias y los países que se erigieron

sobre los hombros de la esclavitud,

la revolución haitiana fue como un huracán.

La simple mención del nombre Louverture

hacía estremecer a los dueños de esclavos.

Contrario a la creencia popular, sí hubo sublevaciones de esclavos,
y no solo en la gloriosa rebelión que tuvo lugar en Haití.

A través de sus investigaciones, Arturo logró trazar las raíces de las rebeliones
a la época colonial de Estados Unidos.

Leyó el panfleto radical que David Walker,
un negro comerciante libre, publicó en 1829:
Llamado a la gente de color del mundo,
instando a los esclavos a levantarse en armas;
un panfleto subversivo que fue prohibido en su día.

Arturo estudió el motín de 1839 a bordo del barco *La Amistad,*
y el subsiguiente caso que se llevó a los tribunales de justicia.

Poco tiempo después, muchos estados declararon ilegal la circulación
de cualquier tipo de literatura antiesclavista,
e implantaron leyes que prohibían que los negros aprendieran a leer.

¿Qué temían los dueños de los esclavos?

Denmark Vesey en Carolina del Sur y Gabriel Prosser en Virginia
organizaron alzamientos. En 1831, Nat Turner coordinó una
sublevación en Virginia y llegó a reunir setenta hombres entre
esclavos y negros libres.

La rebelión fracasó, dejando un saldo de
cincuenta y siete dueños de esclavos muertos.

Arturo inhalaba las palabras heroicas de sus héroes.
De diferente manera, Schomburg también fue un revolucionario.

TRES ELIZABETHS

Arturo se casó por primera vez en 1895,
el mismo año que adoptó la versión inglesa de su nombre, Arthur.
Su esposa, Elizabeth Hatcher de Staunton, Virginia, falleció muy joven,
dejando a su esposo el cuidado de sus dos hijos pequeños,
Máximo Gómez y Kingsley Guarionex;
otro de sus hijos, Arturo Alfonso Jr., murió en la infancia.

Su segunda esposa fue Elizabeth Morrow Taylor,
también de Viriginia. De esta unión nacieron otros dos hijos:
Reginald Stanfield y Nathaniel José.
Ambos niños vivían en Virginia junto a sus medios hermanos
al cuidado de la madre de la primera esposa de Arturo.
No era de extrañar en esa época que padres que trabajaban en la ciudad
enviaran a sus hijos a vivir con algún familiar.
Cuando Arturo viajaba al sur para ver a sus hijos,
se horrorizaba de la brecha racial.

Su segunda esposa también falleció,
y Arturo se casó por tercera vez con otra mujer llamada Elizabeth:
Elizabeth Green.
El nuevo matrimonio fue bendecido con tres hijos:
Fernando, Dolores Marie y Plácido Carlos.
A pesar de dar a sus hijos nombres hispanos,
Schomburg insistió en que hablaran inglés,
no su lengua materna.
Sus hijos eran estadounidenses.

◆

OCULTAR

En su esfuerzo por traer a la luz pasadas glorias negras,
Arturo Schomburg tuvo que navegar a través de un laberinto
de informaciones erróneas que despojaron a los africanos
de su humanidad, tachándolos de «inferiores»,
para justificar la esclavitud.
Un sistema que determinaba la superioridad o inferioridad
del individuo según el color de su piel,
y que era necesario, argumentaban los aristócratas,
para hacer fortuna y levantar imperios.
Arturo sospechaba una conspiración para borrar
todo vestigio de la historia africana menos la esclavitud.
Arturo se dio cuenta de que la historia era daltónica
si servía a intereses codiciosos. Si una persona negra era un genio,
no se hacía mención del color de su piel.
Y fue así que Schomburg descubrió destacadas figuras
cuyas raíces africanas
habían permanecido ocultas a través de la historia.

Arturo encontró orígenes africanos en el árbol genealógico
del pintor, ornitólogo y naturalista John James Audubon.
Su obra maestra fue el libro *Birds of America*.
Con acuarelas, crayones de cera, carbón y lápices,
captó los pájaros de Norteamérica en impresionantes poses realistas.
Cabe notar que, a pesar de su extendida fama,
casi nunca se mencionaba que había nacido de la relación entre
un terrateniente francés y una sirvienta criolla.

De niño, Arturo leyó *Los tres mosqueteros*.
«Me perdía en las páginas de ese libro —escribió—
y soñaba que luchaba junto a Athos, Porthos y Aramis».
Llegó a memorizar su juramento de lealtad:
            «Todos para uno y uno para todos».
Pero, en aquel entonces, no tenía la menor idea de que su autor,
Alejandro Dumas, descendía de esclavos.
¿Por qué no conoció Arturo este dato de niño?

1844

1827

1833

Arturo descubrió que Rusia también tenía una luminaria negra,
el gran poeta Alexander Pushkin,
el padre de la literatura moderna rusa,
que publicó su primer libro cuando apenas tenía quince años de edad.
Su bisabuelo era Abram Gannibal,
que fue capturado de niño en África central,
sirvió en la corte de Pedro el Grande,
ascendió a general y llegó a ser un aristócrata.
Con razón Pushkin tenía fama de batirse en duelos.

Incluso el compositor alemán Ludwig van Beethoven tenía raíces africanas.
Con frecuencia se describía como mulato, moro o que su piel era oscura.
Se decía que su madre era mora, del norte de África.
Dotado de un extraordinario talento,
compuso música aun después de haber perdido la audición.
¿Cómo es posible que la herencia africana de este gran maestro
fuera silenciada?

¿Cómo habría podido Arturo apreciar
la *Quinta Sinfonía* de Beethoven
sin escuchar el sonido de los tambores africanos?

◆

MARINERO

Arturo Schomburg era considerado un importante coleccionista.
Consiguió dos volúmenes de Paul Cuffee,
un ballenero de la
época colonial, constructor de barcos y comerciante marítimo
cuya flota zarpaba de la costa atlántica de Estados Unidos
en dirección al Caribe y a Europa.

En los barcos que construía,
Cuffee y su tripulación pescaban ballenas en las aguas del Atlántico.
Era un trabajo arduo y peligroso, pero necesario.
Primero los arpones eran lanzados como proyectiles,
y la grasa de la ballena se convertía en aceite para iluminar
las lámparas de ciudades en constante desarrollo.

Paul Cuffee fue uno de los hombres negros más ricos
de la América colonial.
Se podía permitir expresar su opinión públicamente.
Escribió una petición para que se dejase votar
a los negros en las elecciones
ya que pagaban impuestos.
Y fue el primero en introducir la idea de «volver a África».

Cuffee se imaginaba el día en que negros libres y esclavos
liberados se establecieran en Sierra Leona.
Emprendió un viaje a África Occidental para determinar si su nueva sociedad
podría echar raíces en esa tierra.
A su regreso, reportó a la Casa Blanca
que su sueño de que un barco pudiera zarpar
todos los años con destino a África
era una idea prometedora.

En Cuffee, Arturo encontró un precursor de Marcus Garvey,
el líder del Renacimiento de Harlem, que predicaba el
orgullo de la raza negra, la superación personal
y, al igual que Cuffee hizo un siglo antes,
un regreso a África.
En la década de 1920, Arturo apoyó a Garvey,
su periódico *Negro World*
y su compañía naviera The Black Star.

Cuando Arturo vio a los garveyistas desfilar a lo largo de la
calle 125 en Harlem con sombreros de plumas
y uniformes de borla con botones de cobre,
¿recordaría Arturo en ese momento los viajes de Paul Cuffee?

◆

SABUESO

A pesar de ser un empleado del departamento de mensajería
de un banco, Arturo se codeaba con personas como Alain Locke,
apodado el Padre del Movimiento del Renacimiento de Harlem.
Igualmente mantuvo correspondencia con Booker T. Washington,
fundador del Instituto Tuskegee, y con W. E. B. Du Bois,
profesor de la Universidad de Atlanta y primer afroamericano
en obtener un doctorado de la Universidad de Harvard.
Locke y Schomburg disentían de si se debería impulsar
el progreso social o el económico, pero coincidían
en que la historia de los negros podría ser el puente intermedio.

Los conocidos de Arturo se encontraban entre los que formaban
el quién es quién del Renacimiento de Harlem.
Arturo fue invitado
a la primera reunión del gremio de jóvenes escritores negros,
que contaba con miembros como los poetas Countee Cullen y Langston Hughes.
También la novelista y poeta Jessie Redmon Fauset, editora de *The Crisis,*
la revista de la Asociación Nacional para el Progreso
de las Personas de Color,
conocida por sus siglas en inglés como NAACP,
y de la revista *The Brownies' Book,* dirigida al público infantil afroamericano.
Estos escritores se unieron a Arna Bontemps, Georgia Douglas Johnson
y al artista Aaron Douglas para pedirle a Arturo
que buscara referencias históricas que pudieran regar
las semillas que dieran fruto a proyectos creativos y académicos.
Su colección, fértil suelo que hiciera crecer el orgullo negro.
Cuando se trataba de desenterrar un tesoro singular o hechos ocultos,
Arturo tenía lo que el poeta Claude McKay llamaba
«el olfato de un sabueso».
Arturo no solo compartía los libros de su colección con estudiantes,
artistas y escritores,
sino también sus ideas, interpretaciones y, a veces, dinero.
Con un amplio catálogo de textos que Schomburg había encontrado,
ahora sus amigos podían salir de las tinieblas y abrir nuevos caminos.

◆

VIDA EN EL HOGAR

«Ocupado, siempre ocupado» se refería Fernando a su padre Arturo Schomburg.

Siempre ausente, viajando de un lado a otro para dar conferencias

o en misiones de búsqueda, lo que parecía ser un

promedio de ocho meses al año.

Y cuando no viajaba y se quedaba

en casa, en Brooklyn,

salía la mayoría de las noches para asistir a las reuniones de club o de la logia.

Cuando sus hijos venían de visita, tenían que compartir el reducido espacio

con los incalculables volúmenes de su colección.

Su única hija, Dolores, recibía a artistas y estudiosos que llegaban a la casa

para examinar su creciente biblioteca.

La esposa de Arturo, Elizabeth, luchaba por lograr un espacio

donde la familia pudiera vivir, pero era una batalla perdida.

Sus esfuerzos por limpiar su escritorio también fueron en vano.

Cuando trataba de ordenar los papeles para poder limpiar el polvo

de su despacho, él se quejaba de que se le habían traspapelado

importantes documentos.

Finalmente, se dio por vencida.

◆

ESCRITOR E INVESTIGADOR

El objetivo de Arturo Schomburg era dejar claro el lugar que
correspondía a los africanos en los anales de la historia mundial.
Se unió al Club Dominical Masculino de Harlem,
que posteriormente se transformó en la Sociedad Negra
para la Investigación Histórica. La sociedad patrocinaba conferencias y galas
y, en su primer año, llegó a acumular más de trescientos libros
y manuscritos que Arturo guardaba en su casa junto a su colección.

También fue presidente de la Academia Negroamericana
y gran secretario de la Logia Masónica Prince Hall,
cuyos miembros eran todos de raza negra.
Fue miembro del comité de ciudadanos que abogaba por establecer
un centro de cultura negra en la sucursal de Harlem de la
Biblioteca Pública de Nueva York.
De espíritu cívico pero no oportunista,
no asistía a las famosas fiestas de «los locos años 20: la era del *jazz*».

Arturo prefería repasar las páginas de la historia que bailar
el *lindy hop.*

Con un calendario lleno de conferencias y reuniones, era de admirar
que tuviera tiempo para llevar a cabo investigaciones y para escribir.
En los artículos, ensayos y cartas que intercambiaba con su editor,
compartía sus descubrimientos: hechos que habían permanecido
ocultos por mucho tiempo.
Investigó y escribió sobre Chevalier de Saint-Georges,
un compositor del siglo XVIII.
La música de Saint-Georges, caballero francés,
conocido como el Mozart negro,
hacía vibrar el corazón de Arturo.

Arturo también escribió acerca de gladiadores, líderes militares
y realeza. Uno de sus artículos habla sobre una gran perla encontrada
por un esclavo africano en una isla en el golfo de Panamá.
La perla pasó a ser parte de las joyas de la Corona de España
hasta que un hermano de Napoleón se la llevó a Francia.
Vendida a un duque británico, la perla estuvo extraviada
en el Palacio de Buckingham y en el Castillo de Windsor,
pero fue recuperada en cada instancia.
La leyenda de la famosa joya hizo que la bautizaran con el nombre de *La Peregrina.*

Las investigaciones de Arturo lo llevaron a lo largo de la ruta atlántica
de comercio triangular a través de la cual,
al igual que el viento,
las corrientes oceánicas y la codicia,
se transportaban productos de Europa a África
para ser intercambiados por esclavos,
y se llevaban africanos cautivos a las colonias de América
para sembrar caña de azúcar,
destilada en ron para su comercio en Europa.
A través de las páginas de la historia, Arturo recorrió la diáspora.
Su búsqueda por la identidad y la cultura africana trascendió las fronteras
nacionales. Para Arturo, el legado cultural e histórico africano
era un tejido de muchas fibras.

El artículo más importante que Arturo escribió, «El Negro
desentierra su pasado», fue publicado en la revista *Survey Graphic*
en una edición especial: *Harlem, la Meca del Nuevo Negro.*
En la página de contenido, se menciona a Arturo
entre los colaboradores: eruditos y genios creativos.
Las palabras de Schomburg dan voz a los ancestros,
y de su pluma brota el color de su piel.

◆

ADQUIRIDA

Cuentan los rumores que la esposa de Schomburg le dio un
ultimátum: o los libros o la familia; no había lugar para ambos.
Solo una amenaza como esa podía lograr separarlo de su preciado tesoro.
«Había estanterías llenas de libros por toda la casa —comentó
un miembro de la familia—, incluso en el baño».
Los libros estaban cuidadosamente catalogados,
inventariados en la cabeza de Arturo,
y colocados por orden de tamaño y por el color de las tapas.
Pero la colección de Arturo había excedido los límites
de una colección privada.
Había rechazado una oferta lucrativa porque pensaba que la colección
merecía un público mayor.
Arturo había prestado parte de su colección a bibliotecas,
y también había organizado exposiciones en colegios
y en varias organizaciones comunitarias.
Le ofreció la colección completa a la Biblioteca Pública de Nueva York, pero
esta no tenía suficientes fondos para adquirir tan vasta colección.
Sin embargo, la Carnegie Corporation la compró por 10,000 dólares,
y en 1926 la donó a la biblioteca.

Si Harlem era el corazón de la cultura afroamericana,
la sucursal de la calle 135 de la Biblioteca Pública de Nueva York era su cerebro.
Si la biblioteca hubiese sido una universidad, entre sus exalumnos
estarían las figuras del Renacimiento de Harlem,
perdidas entre montañas de libros y escribiendo en sus salas de retiro.
La colección de Schomburg, que un periódico describió como
«incomparable», se alojó en el tercer piso de la biblioteca, para
posteriormente convertirse en «la piedra angular» de la División
de Literatura, Grabados e Historia Negra.
La colección contenía más de cinco mil libros,
varios miles de panfletos, grabados y manuscritos,
entre ellos, una primera edición autografiada de poemas de Phillis Wheatley,
la ilustre joven esclava.
También incluía poemas escritos a mano de Paul Laurence Dunbar,
cartas del heroico general Toussaint Louverture,
discursos de Frederick Douglass,
el esclavo que llegó a ser estadista,
el *Almanaque* de la época colonial de Benjamin Banneker
y un libro de poemas del español Juan Latino publicado en 1573;
quizá el primer libro impreso por una persona de color.

◆

LA UNIVERSIDAD DE FISK

Arturo Schomburg estudió el pasado,
pero no se aferró a él, todo lo contrario.
Su visión se proyectaba hacia el futuro.
«Me siento orgulloso —dijo Schomburg— de hacer algo
que pueda servir de inspiración a los jóvenes de mi raza».
Después de una década de tropiezos y quebrantos,
Arturo se jubiló en 1929 de su empleo en Bankers Trust.
Pero no descansó. Dedicó más tiempo a investigar, escribir,
y a ocuparse de la colección
de la biblioteca del número 135 de la calle Liberty.
Debido a su reputación como bibliófilo,
Arturo recibió una invitación en 1931 para hacerse cargo de la colección
de literatura negra de la Biblioteca de la Universidad de Fisk en Nashville.
Para 1932 ya había añadido cuatro mil volúmenes a la colección,
cuya pieza central era una Biblia que había pertenecido a Lincoln.
La primera vez que Arturo la sostuvo en sus manos,
pensó en los negros libres de Baltimore
que le presentaron la Biblia al presidente Abraham Lincoln
durante la Guerra Civil.
La Biblia era un tesoro inestimable,
pero Arturo pensaba que el patrimonio negro
no debía verse detrás de un cristal.
Quería que los estudiantes se beneficiaran de sus investigaciones.
Así que instó a los profesores:
«Enseñen la historia práctica de la raza negra desde los albores de
la civilización hasta el presente».
Solo así los jóvenes negros podrían mantener la cabeza alta
y verse a sí mismos en un plano de igualdad.

◆

DOCTOR

Después de pasar un año en la Universidad de Fisk en Tennessee,
Arturo Schomburg regresó a Nueva York.
En la sucursal de la calle 135 sus tesoros eran ahora la colección básica
de la División de Literatura, Grabados e Historia Negra.
Arturo se convirtió en el guardián de la colección.
Tenía un sistema especial de colocar los libros en las estanterías ordenándolos
por tamaño y por el color de las tapas,
como un ramillete de flores.
De hecho, en una ocasión despidió a un bibliotecario nuevo
por usar el Sistema de Clasificación Decimal Dewey.

Escuchaba las voces de las figuras históricas que había descubierto:
«Cuenta nuestra historia; proclama nuestras glorias».
Desde su privilegiado puesto en el tercer piso de la biblioteca,
Arturo orientaba a investigadores, daba charlas en las tardes,
durante la hora del té, y usaba sus propios fondos para ampliar la colección.
Entre sus donaciones se encuentran los bustos en bronce
de la *Venus de África* y el de *Said Abdullah*,
del escultor francés Charles Henri Joseph Cordier.
Adquiridas en París, ambas piezas habían sido expuestas
en el Museo del Louvre en la década de 1860.
A un precio de 50.00 dólares, la impresionante pareja
era una verdadera ganga.
Arturo no era rico, pero utilizaba el dinero de la
venta de su colección para seguir ampliándola.

Cuando un objeto costaba más de lo que su presupuesto admitía,
no dudaba en recurrir a sus amigos.
Le pidió a un amigo y colega coleccionista que donara un busto de bronce y mármol
de Otelo, el general moro, personaje de una obra de Shakespeare,
para que formara parte de la colección.
Arturo organizaba exposiciones sobre el gigante literario ruso Alexander Pushkin
y el actor negro Ira Aldridge, intérprete de varias obras de Shakespeare.
«Nuestros pioneros», la columna que semanalmente escribía Arturo
para el periódico *Amsterdam News,* se leía en todo Harlem.
Los empleados de la biblioteca lo llamaban «Doctor Schomburg».
El historiador por mérito propio se había ganado ese honor.

◆

ARTE

En los grabados, litografías, pinturas y esculturas,
Arturo no solo veía arte,
sino también una manera de atestiguar visualmente
el talento y los logros de los descendientes africanos.
«Los ojos, pensaba, revelarían la verdad».
A Arturo le atraían las obras que retrataban a las personas negras,
sin importarle el color de la piel del artista,
y las obras de artistas negros,
sin tener en cuenta el tema.
Ya fuera coleccionando obras de arte de los pintores
del Renacimiento de Harlem,
como Aaron Douglas y Lois Mailou Jones,
escultores, como Charles Henri Joseph Cordier,
o pintores del Barroco español, como Sebastián Gómez y Juan de Pareja,
Arturo se dedicó a esta tarea con la misma pasión
y dedicación que con los libros.
«El arte, pensaba él, podría llegar a aquellos
que no se inclinaran a leer libros antiguos».

◆

ESPAÑA

Arturo Schomburg logró ganarse el respeto de los intelectuales
de Harlem, pero le faltaba por descubrir sus raíces:
africana, española y taína, desde el Caribe hasta Europa y África.
Decidió entonces emprender un viaje a través del Atlántico,
no para ampliar su colección, sino para conectar los puntos.
«Parto en este momento —dijo— en una misión del corazón
para recuperar mi patrimonio perdido».
Rastreó bibliotecas, museos y librerías de anticuarios
buscando el eslabón de España en la cadena de la esclavitud.
Admiró las obras maestras creadas por manos africanas,
se maravilló de ver los palacios y mezquitas edificados por árabes
y africanos musulmanes que gobernaron España durante ocho siglos.
Las escenas y lienzos que Arturo vio quedaron retratados en su mente.
La gira que hizo por España, Francia, Alemania e Inglaterra
no le proporcionó todas las respuestas que buscaba,
pero ahora contaba con más datos.
Este fue el único viaje que Schomburg realizó a Europa
y lo más lejos que viajaría.
Ninguna distancia era demasiado grande para enmendar la historia.

◆

LAS ISLAS

No cabe duda de que Arturo Alfonso Schomburg sentía una gran
afinidad con los afronorteamericanos y su lucha por la igualdad,
y que trabajó con ahínco por estimular el orgullo entre ellos.
Puede que adoptara la versión inglesa de su nombre —Arthur—
y que prefiriera que sus hijos hablaran inglés
y no español, su lengua materna,
pero lo cierto es que nunca dejó de amar el Caribe,
y especialmente Puerto Rico, la isla que lo vio nacer.
Sus investigaciones lo llevaron a viajar por el Caribe y Centroamérica:
Haití, la República Dominicana, Panamá y Cuba.
Arturo era un puente que conectaba a los intelectuales de La Habana y Harlem.

En 1932, conoció al poeta cubano Nicolás Guillén, y se reunió con
algunos miembros del Club Atenas, un grupo de escritores, artistas y eruditos
que rendían homenaje a la rica y diversa herencia cultural cubana.
La mayoría de los escritos de Arturo eran sobre el Caribe y España.
El primer artículo que escribió fue acerca de la Revolución haitiana
y su independencia.
En la biblioteca de Harlem de la calle 135, Arturo organizó
exposiciones del arte folclórico de Cuba y de su literatura.
A pesar de la añoranza que sentía por su tierra,
el último viaje que realizó a Puerto Rico fue en 1909.

◆

EPITAFIO:
1938

Si el proverbio:

«Un libro es un jardín que se lleva en el bolsillo»

es cierto, entonces Arturo Alfonso Schomburg,

historiador y coleccionista de libros,

fue un excelente horticultor, y el producto de su cosecha,

un inmenso motivo de orgullo.

No hubo ningún campo del ideal humano que no labrara

con su firme mano,

que no sembrara con las semillas de la curiosidad,

donde no arrancara las mentiras y las medias verdades

o que no regara con una mayor conciencia

y reconocimiento del patrimonio africano.

Si un libro es un jardín que se lleva en el bolsillo,

entonces el fruto de la cosecha de Arturo

podría cubrir de violetas africanas el Monte de Kilimanjaro.

◆

LÍNEA DEL TIEMPO

1874 24 de enero: Arturo Alfonso Schomburg nace en Santurce, Puerto Rico.

1891 17 de abril: Schomburg llega a la Ciudad de Nueva York.

1892 3 de abril: Schomburg es cofundador de Las Dos Antillas, organización independentista caribeña de la cual era secretario. Schomburg se une a la Masonería y se incorpora a la Logia El Sol de Cuba no. 38, que posteriormente se conocerá como la Logia Prince Hall no. 38.

1895 30 de junio: Schomburg contrae matrimonio con Elizabeth Hatcher. Tienen tres hijos: Máximo Gómez, Arturo Alfonso Jr., y Kingsley Guarionex.

1896 Schomburg comienza a dar clases de español en Nueva York.

1900 Elizabeth Hatcher Schomburg fallece.

1901 Schomburg comienza a trabajar en el bufete de abogados Pryor, Mellis & Harris como mensajero y oficinista.

1902 17 de marzo: Schomburg se casa con Elizabeth Morrow Taylor. Tienen dos hijos: Reginald Stanfield y Nathaniel José.

1904 Agosto: El artículo de Schomburg «Is Hayti Decadent?» aparece en *The Unique Advertiser*.

1905 14 de enero: Se inaugura la sucursal de la Biblioteca Pública de Nueva York de la calle 135 en Harlem.

1906 Schomburg acepta un trabajo en el departamento de mensajería en la empresa bancaria Bankers Trust. Posteriormente es ascendido a supervisor.

1911 9 de abril: Schomburg se une a John Edwards Bruce y a otras personas para fundar The Negro Society for Historical Research (Sociedad Negra para la Investigación Histórica).

1912 Schomburg es coeditor de la *Encyclopedia of the Colored Race* (La enciclopedia de la raza de color).

1914 Después de la muerte de Elizabeth Morrow Taylor, Schomburg se casa con Elizabeth Green. A la familia se suman tres hijos: Fernando, Dolores Marie y Plácido Carlos.

1918 Schomburg es elegido gran secretario de la Gran Logia Masónica Prince Hall de Nueva York. Nace el Renacimiento de Harlem, una explosión cultural, social y artística.

1920 30 de diciembre: Schomburg acepta la presidencia de la American Negro Academy.

1925 Marzo: El artículo de Schomburg «The Negro Digs Up His Past» (El Negro desentierra su pasado) aparece en una edición especial de la revista *Survey Graphic*.
Mayo: La sucursal de la Biblioteca Pública de Nueva York, en la calle 135 de Harlem, empieza a desarrollar la División de Literatura, Grabados e Historia Negra.

1926 Junio: Carnegie Corporation compra la colección de Schomburg por la cantidad de 10,000 dólares, y la dona a la División de Literatura, Grabados e Historia Negra de la Biblioteca Pública de Nueva York.

Junio-Agosto: Schomburg viaja a Francia, España, Alemania e Inglaterra.

1927 20 de enero: Abre al público la División de Literatura, Grabados e Historia Negra de la Biblioteca Pública de Nueva York en la calle 135 en Harlem.

1930 1 de enero: Schomburg se jubila de su trabajo en Bankers Trust.

1931 Schomburg trabaja como conservador de la colección de Literatura Negra de la Biblioteca de la Universidad Fisk en Nashville, Tennessee.

1932 En un viaje a Cuba, Schomburg conoce a artistas y escritores cubanos, y adquiere material para la División de Literatura, Grabados e Historia Negra.

1932–1938 Schomburg trabaja como conservador de la colección de la División de Literatura, Grabados e Historia Negra de la Biblioteca Pública de Nueva York

1938 8 de junio: Schomburg fallece en Brooklyn, Nueva York.

1940 Octubre: Se cambia el nombre de la División de Literatura, Grabados e Historia Negra a la de Colección Schomburg de Literatura, Grabados e Historia Negra.

1972 Mayo: La Colección Schomburg es designada centro de investigación de la Biblioteca Pública de Nueva York, y se convierte en el Centro Schomburg para la Investigación de la Cultura Negra.

1980 Septiembre: El Centro Schomburg abre sus puertas en un nuevo edificio en el 515 Malcolm X Boulevard en Harlem.

FUENTES

p. iii: "The American Negro . . . what slavery took away": Arthur A. Schomburg, "The Negro Digs Up His Past," *Survey Graphic* 6, no. 6 (March 1925), p. 670.

p. 1: "approach an immense . . . less inspired collector": quoted in Sinnette, p. 87.

p. 4: "Where is our historian . . . our own history?": ibid., p. 49.

p. 4: "True scholarship requires . . . done in haste": ibid., p. 32.

p. 8: "I wanted to find . . . group had contributed": ibid., p. 178.

p. 8: "book hunting disease": ibid., p. 89.

p. 10: "agitate! agitate! agitate!": Frederick Douglass, "Charges and Defense of the Free Church: An Address Delivered in Dundee, Scotland, on March 10, 1846," in Blassingame, p. 171.

p. 10: "Right is of no . . . all men are brethren": *The North Star* first edition, Maryland State Archives, The Study of the Legacy of Slavery online exhibits, http://msa.maryland.gov/msa/speccol/sc5600/sc5604/2004/december/html/north_star.html.

p. 18: "I used to lose . . . D'Artagnan, Porthos and Aramis": quoted in Sinnette, p. 14.

p. 24: "bloodhound's nose": quoted in Mooney.

p. 26: "Busy, always busy": quoted in Sinnette, p. 36.

p. 31: "There were bookshelves . . . even in the bathroom": ibid., p. 87.

p. 32: "I am proud . . . youth of my race": ibid., p. 141.

p. 32: "Include the practical . . . the present time": ibid., p. 48.

p. 38: "I depart now . . . my lost heritage": ibid., p. 145.

BIBLIOGRAFÍA

Blassingame, John W., ed. *The Frederick Douglass Papers.* Vol. 1, *Speeches, Debates, and Interviews.* New Haven, CT: Yale University Press, 1979.

Mooney, Richard E. "Arthur Schomburg the Frontiersman." *New York Daily News,* June 7, 1999. http://www.nydailynews.com/archives/news /arthur-schomburg-frontiersman-article-1.833964.

Salley, Columbus. *The Black 100: A Ranking of the Most Influential Black Americans, Past and Present.* Rev. ed. Secaucus, NJ: Carol Publishing, 1999.

Schomburg Center for Research in Black Culture. *The Legacy of Arthur A. Schomburg: A Celebration of the Past, a Vision for the Future.* New York: New York Public Library/Astor, Lenox and Tilden Foundations, 1986.

Sinnette, Elinor Des Verney. *Arthur Alfonso Schomburg: Black Bibliophile and Collector.* New York: New York Public Library, 1989.

EX LIBRIS
ARTHUR A. SCHOMBURG

Schomburg ponía su sello personal en cada
  volumen que adquiría.
El sello tenía el grabado de una mujer
  esclava encadenada, con las manos
  entrelazadas y la mirada hacia el cielo.
Su postura y súplica suscitan preguntas.
La colección de Schomburg contiene las
  respuestas:
cada artefacto, una ventana al pasado,
cada cubierta de un libro, una puerta abierta
  a un mundo de posibilidades,
  cada página, un pasaporte a la libertad.